inde co
Lepši kuchyně než apatika

VITALIS

HARALD SALFELLNER

DIE BESTEN
BÖHMISCHEN REZEPTE

Sigrid + Frank
07/03

VITALIS
2003

Die fotografische Ausstattung des Buches
wurde von der Bildredaktion
des Verlages Vitalis unter der Leitung des
Autors sowie unter Mitarbeit des
Fotografen Michal Pavlík erstellt.
Satz: Cadis, Praha
Druck und Bindung: Severografia Most
ISBN 80-7253-005-4
ISBN 3-934774-18-0

www.vitalis-verlag.com

Inhaltsverzeichnis

Zum Geleit

Das alte Böhmen mit seiner Hauptstadt Prag, der „Goldenen Stadt“ und auch das stille, ländliche Mähren erwecken in vielen Menschen eine nostalgische Vorstellung von der guten, alten Zeit. Und so wie „anno dazumal“, zu Kaisers Zeiten, kommt man auch heute in die Tschechische Republik, um wohlschmeckende Spezialitäten zu genießen, seien es nun die verfeinerten Delikatessen aus den Weltkurorten Karlsbad, Marienbad und Franzensbad oder die rustikalen und herzhaften Eintöpfe aus dem Riesengebirge und dem Böhmerwald.

Die böhmische Küche wird aus zwei wesentlichen kulinarischen Hauptströmungen gespeist: Die deutschböhmischen Küchentraditionen, die starke regionale Unterschiede aufweisen, und naturgemäß in den von Deutschen bewohnten, meist gebirgigen Randgebieten dominierten – und die tschechisch-slawischen Koch- und Speisesitten, die sich ihrerseits ganz deutlich abgrenzen von der Eigenart anderer slawischer Küchen, wie etwa der polnischen oder der russischen. Daß sich zu diesen wesentlichen

Urquellen viele weitere Einflüsse gesellen, wird verständlich, wenn man sich die Geschichte des Landes vor Augen führt. Karl IV. hatte aus Burgund (nicht nur) die Burgunderrebe mitgebracht, Josef Groll aus Bayern das Pilsner Bier und die Tiroler, die in Wallern (Volary) siedelten, werden, wenn schon nicht Tirolerknödel, so doch zumindest einiges ihrer alpinen Essensgewohnheiten mit nach Südböhmen gebracht haben. Im 20. Jahrhundert hat man so manchen Impuls aus slowakischen Kochtöpfen empfangen, und auch die Zugehörigkeit zum sowjetischen Imperium ist nicht spurlos vorübergegangen. Mit der Vielschichtigkeit der Ursprünge bettet sich die böhmische Küche gut ein in den europäischen Kulturbestand, der seit jeher nicht nur von nationaler Identität, sondern immer auch von fremden Einflüssen lebt und gespeist wird.

Die besten Rezepte von damals und heute sind in diesem kleinen Büchlein angesammelt und auf eine Weise präsentiert, daß sie in jeder modernen Küche gerne nachgekocht werden. Wir wünschen Ihnen dabei gutes Gelingen und guten Appetit, oder, wie man hierzulande sagt: „Dobrou chuť!“

Harald Salfellner

Lomnitzer Zwieback (Lomnické suchary)

1/4 l Milch	erwärmen, aber nicht zu heiß werden lassen,
25 g Hefe	mit
etwas Zucker	darin auflösen.
500 g Mehl,	
150 g Butter	und
3 Eigelb	dazugeben und alles zu einem Hefeteig verkneten.
Etwas Salz,	
geriebene Zitronenschale,	
1/2 geriebene Muskatnuß	und
1 Msp. Fenchelpulver	unterkneten. Den Teig 30 Minuten gehen lassen und anschließend daraus 2 Rollen formen. Diese auf ein gefettetes Backblech legen und noch einmal 20 Minuten gehen lassen. Bei 200 Grad etwa 30 Minuten abbacken. Am nächsten Tag in fingerdicke Scheiben schneiden und bei 120 Grad trocknen lassen. Noch warm in
4 P. Vanillezucker	wenden.

Semmelbaba

10 altbackene Semmeln	in dünne Scheiben schneiden.
1/2 l Milch	mit
3 Eiern	und
100 g Zucker	gut verquirlen und die Semmelscheiben darin aufweichen.
750 g Äpfel	schälen, entkernen und in dünne Scheiben schneiden. Mit
50 g Rosinen	und
50 g Mandelblättern	vermischen. In einer gut gefetteten Auflaufform abwechselnd die geweichten Semmelscheiben und die Apfelmasse schichten. Auf die oberste Semmelscheibenschicht
50 g Butterflocken	verteilen. Den Auflauf in den auf 200 Grad vorgeheizten Backofen geben und 30 Minuten backen.
2 Eiweiß	mit
30 g Zucker	vermischen und steif schlagen. Den Auflauf mit dem Eischnee bestreichen und nochmals 10 Minuten in den Backofen geben. Die Baiserhaube soll leicht angebräunt sein.

Semmelbaba

Prager Schinken (Pražská šunka) in Brotteig

80 g Hefe	in eine kleine Schüssel geben und mit
1 Teel. Zucker	und
1 Eßl. Salz	verrühren, bis die Hefe sich verflüssigt.
500 g Roggenmehl	und
250 g Weizenmehl	mit
50 g Weizenkeimen	in einer großen Schüssel vermischen. Dazu benutzen Sie am besten eine Gabel, dann ersparen Sie sich das Sieben des Mehles.
600 ml Wasser	und die aufgelöste Hefe in die Schüssel geben und alles zu einem Hefeteig verkneten. Den Teig zugedeckt gehen lassen.
1 kg Schinken	über Nacht in Wasser legen und dann etwa 1 Stunde auf kleiner Stufe kochen. Die Schwarte abziehen und den Schinken abkühlen lassen. Die Arbeitsfläche mit Mehl bestreuen und darauf den Brotteig etwa 1 cm dick ausrollen.
2-3 Eier	verquirlen und mit der Hälfte den Teig bepinseln. Den Schinken darauf legen und sorgfältig in den Teig einschlagen. Die Kanten glattstreichen. Mit
75 g Butter	eine große Pfanne einreiben und den gefüllten Brotlaib hineinlegen. Mit dem restlichen Ei einpinseln und in die Oberseite mehrmals mit einer Gabel einstechen. Bei 225 Grad ca. 2 1/2 Stunden backen.

Prager Schinken in Brotteig

Kuttelflecksuppe (Dršťková polévka)

250 g Kuttelflecke	gut säubern, brühen, abgießen und in frischem Wasser mit
Salz,	
1 Zwiebel	und kleingeschnittenem
Suppengemüse	zum Kochen bringen. Mit
1 Knoblauchzehe,	
Majoran,	
Ingwer	und
2 Pfefferkörnern	würzen. Das Ganze zwei Stunden bei kleiner Flamme kochen lassen.
30 g Butter	erhitzen und
40 g Mehl	mit dem Schneebesen einrühren. Nach und nach mit der Brühe ablöschen. 10 Minuten kochen lassen, damit die Suppe nicht nach Mehl schmeckt. Die Kuttelflecke kleinschneiden und mit
100 g gewürf. Selchfleisch	in die Suppe geben, kurz durchkochen und mit
gehackter Petersilie	bestreut anrichten.

Kuttelflecksuppe (unten), Kartoffelsuppe (Mitte) und Krautsuppe (oben)

Sauerkrautsuppe (Zelňačka)

40 g geräucherten Speck	würfeln und in
20 g Butter	in einem großen Topf auslassen.
1 Zwiebel	und
2 Knoblauchzehen	in sehr feine Würfel schneiden und glasig andünsten.
2 Teel. edelsüßen Paprika	einrühren.
250 g Sauerkraut	zugeben und mit
Salz	und
1/2 Teel. Kümmel	würzen.
3/4 l Fleischbrühe	zufügen und die Suppe zum Kochen bringen. In einer Pfanne aus
50 g Butter	und
50 g Mehl	eine Einbrenne herstellen und mit
3/4 l Fleischbrühe	ablöschen. Die Einbrenne unter die Suppe rühren und etwa 15 Minuten auf mittlerer Stufe kochen lassen.
2 Kartoffeln	schälen und würfeln. Die Kartoffeln zur Suppe geben und alles weitere 15 Minuten kochen. Zuletzt noch
200 g Schlagsahne	hinzufügen. Nach Geschmack kann man auch
200 g Brüh- oder Mettwurst	in die Suppe schneiden.

Kartoffelsuppe (Bramboračka)

500 g Kartoffeln	schälen und in kleine Würfel schneiden.
100 g Möhren,	
2 kleine Zwiebeln,	
50 g Sellerie	und
1 kl. Stange Porree	ebenfalls in kleine Stücke geschnitten mit den Kartoffeln in
1,5 l Salzwasser	etwa 25 Minuten fast gar kochen. Mit
1/2 Teel. Kümmel,	
etwas Majoran	und nach Geschmack auch mit
1 geriebenen Knoblauchzehe	würzen.
70 g Butter	im Topf erhitzen und
70 g Mehl	einrühren. Kurz aufschäumen lassen und mit der Kartoffel-Gemüsebrühe ablöschen. Die Kartoffeln und das Suppengemüse zugeben und weitere 5 Minuten köcheln lassen. Zuletzt noch
1 Teel. Butter	zugeben und nach Geschmack mit
etwas Maggi	abschmecken.

Marinierte Heringe nach Prager Art

Für 8 Personen

8 Salzheringe	für zwei bis drei Tage in reichlich Wasser, dem Sie
etwas Milch	zufügen, wässern. Die Flüssigkeit häufiger wechseln. Anschließend die Heringe gut abtrocknen, häuten und entgräten. Kopf und Schwanz entfernen und in
4 Eßl. Öl	anbraten. Zusammen mit
1 Lorbeerblatt,	
10 Pfefferkörnern	und
Zwiebelringen	in ein Porzellangefäß geben. Die Heringsmilch durchpassieren und mit
8 Eßl. süßer Sahne,	
Essig und Öl	zu einer Soße verrühren. Diese über die Heringe geben und zugedeckt sechs Tage stehen lassen. Dazu schmecken Kartoffelsalat, Gurken, Kapern und Perlzwiebeln.

PRAKTICKÁ

KUCHAŘKA

OD M. RETIKOVÉ.

CENA 70 HAL.

DRUHÉ DOPLNĚNÉ VYDÁNÍ.

Böhmische Semmelknödel (Houskové knedlíky)

15 g Hefe	mit
1 Teel. Zucker	und
1 Prise Salz	gut verrühren, bis die Hefe sich verflüssigt hat.
400 g Mehl	in eine Schüssel sieben. Die flüssige Hefe,
3 Eier	und
1/8 l Milch	dazugeben und alles zu einem Hefeteig verkneten. Diesen eine Stunde gehen lassen.
1 Semmel	in Würfel schneiden, in
40 g Butter	anrösten und abgekühlt unter den Teig kneten. Auf einer bemehlten Arbeitsfläche zwei längliche Laibe formen, mit einem Tuch bedecken und nochmals 15 Minuten gehen lassen. In einem großen Topf
4 l Salzwasser	zum Kochen bringen und zunächst einen Knödel hineinlegen. Wenn das Wasser wieder sprudelnd kocht, den zweiten Knödel dazugeben. Erneut aufkochen, dann die Temperatur auf kleinste Stufe reduzieren und die Knödel 15 Minuten ziehen lassen. Nach der halben Garzeit die Knödel wenden. Anschließend in Scheiben geschnitten servieren.

Böhmische Erdäpfel-, Semmel- und Hefeknödel

Hefeknödel (Kynuté knedlíky)

15 g Hefe	in lauwarmer Milch auflösen,
etwas Zucker	zugeben und aufgehen lassen, anschließend mit
500 g Mehl	verrühren.
1 Ei	und
etwas Salz	zufügen und nochmals gut verrühren. 1 Stunde aufgehen lassen und anschließend auf einer bemehlten Fläche Knödel formen, mit einem Tuch abdecken und erneut gehen lassen. Dann die Knödel in kochendem Wasser zugedeckt 15 Minuten köcheln lassen, den Deckel abnehmen und noch einige Minuten ziehen lassen. Die gut abgetropften Knödel in Scheiben schneiden und mit flüssiger Butter beträufeln.

Erdäpfelknödel (Bramborové knedlíky)

500 g mehlige Kartoffeln	in der Schale kochen, noch heiß pellen und abgekühlt reiben. Die Masse auf die Arbeitsfläche geben, in die Mitte eine Mulde drükken,
1 Ei, 2 Prisen Salz, 80 g Mehl	und
80 g Grieß	hineingeben und alles zu einem festen Teig verkneten. Formen Sie daraus 5 längliche Knödel, legen Sie diese sogleich in
4 l kochendes Salzwasser	und lassen Sie sie auf mittlerer Stufe 15 Minuten köcheln. Nach 8 Minuten vorsichtig wenden, die fertigen Knödel in Scheiben geschnitten servieren.

Obstknödel (Ovocné knedlíky)

15 g Hefe	mit
40 g Zucker	und
1 Prise Salz	gut verrühren, bis die Hefe sich verflüssigt hat.
250 g Mehl	in eine Schüssel sieben. Die flüssige Hefe,
1 Ei,	
1/4 l Milch	und
1 P. Vanillezucker	dazugeben und alles zu einem Hefeteig verarbeiten. Nach 30 Minuten Gehzeit zu einem dünnen Rechteck ausrollen und in 20 Quadrate schneiden.
20 Zwetschken	
od. Aprikosen	waschen und entkernen. Wenn die Früchte nicht süß genug sind, können Sie anstelle der Steine je 1 Würfelzucker in die Frucht legen. Das Obst auf den Teig legen und mit feuchten Händen fest um die Frucht schließen.
3 l Salzwasser	zum Kochen bringen und die Obstknödel in 4 Portionen 20 Minuten bei mittlerer Temperatur garen. Die fertigen Knödel herausnehmen, mit einer Gabel einige Male einstechen und warm stellen, bis alle Obstknödel fertig sind. Zuletzt
200 g Butter	auslassen, die Knödel damit bei Tisch begießen und mit
150 g Puderzucker	und
400 g geriebenem	
Topfen	bestreuen.

Obstknödel

Graupen mit Schwammerl (Kuba)

40 g getrocknete Schwammerl	in einem Sieb waschen und in
1/2 l Wasser	20 Minuten zugedeckt einweichen.
300 g Graupen	in
40 g Butterschmalz	anrösten, mit
1/2 l Fleischbrühe	ablöschen, mit
etwas Salz	würzen und die Pilze mit dem Einweichwasser zufügen. Zugedeckt auf mittlerer Stufe 50 Minuten garen und dabei gelegentlich umrühren.
2 Zwiebeln	und
4 Knoblauchzehen	schälen, in kleine Würfel schneiden, in
40 g Butterschmalz	glasig anbraten und zu den Graupen geben.
1/8 l heißes Wasser	angießen, mit
1 Teel. Kümmel	und
1 Teel. Majoran	abschmecken. Die ganze Masse in eine gut gefettete Auflaufform geben, offen im vorgeheizten Backofen bei 200 Grad 15 Minuten überbacken und sofort servieren.

Graupen mit Schwammerl (Kuba)

Sauerkraut (Kyselé zelí)

1 Zwiebel	in kleine Würfel schneiden und in
50 g Schweinefett	anbräunen.
500 g Sauerkraut	dazugeben, mit
etwas Salz	und
1 Teel. Kümmel	würzen. Etwas Wasser angießen und das Sauerkraut weichkochen. Nach einer halben Stunde
1 rohe Kartoffel	in das Kraut hineinreiben und noch ca. 15 Minuten bei kleiner Flamme fertigkochen.

Palatschinken mit Spinat

4 Eigelb,	
1 Eßl. Mehl,	
1 Eßl. Milch,	
1 Eßl. Wasser,	
1 Prise Salz	und
1 Prise Muskat	in einer Schüssel mit einem Schneebesen zu einem lockeren Teig verrühren.
250 g Spinat (frisch)	waschen, sehr klein schneiden und unter den Teig rühren.
4 Eiweiß	steif schlagen und unterheben.
1 Eßl. Butter	in einer Pfanne erhitzen und 4 Palatschinken jeweils 2 Minuten von jeder Seite backen. Zusammenklappen und mit Salat servieren.

Böhmische Kartoffelpuffer (Bramboráky)

1 kg Kartoffeln	waschen, schälen und reiben.
1/8 l Milch	erhitzen, über die Kartoffeln gießen,
120 g Mehl	und
3 Eier	unterrühren.
100 g Speck,	
40 g Grieben	und
4 Knoblauzehen	in sehr kleine Würfel schneiden und mit
Salz, Pfeffer	und
3 Teel. Majoran	untermengen. Die Kartoffelpuffer in
100 ml Öl	nacheinander 4-5 Minuten von jeder Seite braten. Die Puffer sollten gleich nach dem Braten verzehrt werden.

Bramborák (Kartoffelpuffer)

Saure Linsen (Čočka na kyselo)

300 g Linsen	verlesen, unter fließendem Wasser waschen und mit kaltem Wasser bedecken.
2 Lorbeerblätter	dazugeben und auf mittlerer Stufe 25 Minuten unter gelegentlichem Rühren garen. Aus
30 g Butter,	
30 g Mehl	und
1/4 l Fleischbrühe	eine Einbrenne herstellen.
100 g Sahne	angießen, mit
1/2 Teel. Salz	würzen und auf mittlerer Stufe etwa 10 Minuten köcheln lassen, dabei gelegentlich umrühren, um ein Anbrennen zu verhindern. Die Linsen mit dem Kochwasser in die Soße einrühren,
1 Zwiebel	schälen, würfeln, in
50 g Butter	goldgelb anbraten, den Linsen zufügen, mit
1 Eßl. Essig	abschmecken und weitere 5 Minuten köcheln.
4 große Essiggurken	fein würfeln und vor dem Servieren unter die Linsen rühren.

Gefüllte Kohlrabi (Plněné kedlubny)

4 Kohlrabi	schälen und in
2 l Salzwasser	30 Minuten kochen. Die Kohlrabi in der Brühe abkühlen lassen. Für die Füllung
1 kleine Zwiebel	und
1 Knoblauchzehe	schälen, in kleine Würfel schneiden und in
60 g Butter	glasig dünsten.
100 g Champignons	putzen und in dünne Scheiben schneiden und kurz mit anbraten.
150 g Rindergehacktes	zufügen und ebenfalls kurz anbraten. Die Masse abkühlen lassen, mit
1 Ei	vermengen und mit
Salz	und
Muskat	abschmecken. Die abgekühlten Kohlrabi vorsichtig aushöhlen und mit der Champignon-Fleisch Masse füllen. Eine feuerfeste Form mit
1 Eßl. Butter	fetten, die gefüllten Kohlrabi hineingeben, die herausgeschnittenen Stücke klein würfeln und um die Knollen legen. 300 ml der Brühe angießen und zugedeckt im auf 180 Grad vorgeheizten Backofen garen. Die Kohlrabi warm stellen,
2 Eßl. Mehl	mit
200 g Schlagsahne	verquirlen, in die Soße einrühren, mit
Salz	und
Muskat	abschmecken, aufkochen und auf kleiner Stufe 10 Minuten köcheln lassen. Die Soße pürieren und zusammen mit den Kohlrabi servieren.

Schkubanken (Škubánky)

1 kg Kartoffeln	schälen, vierteln und in Salzwasser weich kochen. Die Kartoffeln abgießen und dabei das Kochwasser auffangen. Die Kartoffeln zu Brei stampfen und mit
150 g Mehl	verrühren. 1/8 l des aufgefangenen Kochwassers darübergießen. Bei geschlossenem Topf die Masse auf geringster Stufe dämpfen. Nach etwa 10 Minuten das überflüssige Wasser abgießen und den Brei nochmals gründlich verrühren.
50 g Fett	erhitzen und zum Abstechen der Schkubanken einen Eßlöffel in das Fett tauchen. So lassen sich die Nocken mühelos auf eine Platte legen. Zum Bestreuen
1 Eßl. Zwiebelwürfel	rösten oder
Zucker	und
Mohn	vermischen.

Schkubanken

Mährischer Spatz (Moravský vrabec)

400 g Schweinebauch	und
400 g Schweineschulter	waschen, trockentupfen und die Schwarte mit einem scharfen Messer einritzen. Schneiden Sie beide Fleischstücke in je 4 gleichgroße Teile.
4 Knoblauchzehen	schälen, zerdrücken und mit
je 1 Teel. Salz und Kümmel	vermengen. Mit dieser Paste reiben Sie die Fleischstücke gleichmäßig ein.
4 große Zwiebeln	schälen, vierteln und in
60 g Schweineschmalz	andüsten. Die Fleischstücke mit der Schwartenseite auf die Zwiebeln legen und
150 ml heißes Wasser	angießen. Das Fleisch etwa 1 1/2 Stunden schmoren und dabei gelegentlich wenden. Zusammen mit dem Bratensaft und den Zwiebeln servieren.

Mährischer Spatz

Schweinebraten auf Wildbretart

1-1,5 kg Schweinekeule	waschen, gut trockentupfen und die Schwarte mit einem scharfen Messer rautenförmig einschneiden.
4 Knoblauchzehen	schälen, zerdrücken und mit
1 Teel. Salz,	
etwas Pfeffer	und
1 Teel. Kümmel	verrühren. Das Fleisch mit der Paste einreiben,
4 Lorbeerblätter	vierteln und mit
8 Neugewürz-	und
8 Pfefferkörnern	sowie
4 Wacholderbeeren	in die Einschnitte der Schwarte stecken. Die Keule in
5 Eßl. Öl	mit der Schwarte nach unten in einem Bräter kurz anbraten und
1/4 l heißes Wasser	angießen. Den zugedeckten Bräter in den auf 200 Grad vorgeheizten Backofen geben und 2-2 1/2 Stunden schmoren lassen. Nach einer Stunde den Braten wenden. Anschließend den Braten warm stellen und den Fond durchsieben.
3 Eßl. Mehl	einrühren, mit
1/4 l Wasser	ablöschen und 15 Minuten auf kleiner Stufe köcheln lassen. Den Braten in Scheiben schneiden und von der Soße getrennt servieren.

Schweinebraten auf Wildbretart mit Kraut und Knödel

Böhmisches Schweinsgulasch

750 g Schweineschulter	in kleine Würfel schneiden. In einem breiten Topf
5 Eßl. Öl	sehr heiß werden lassen und die Fleischwürfel scharf anbraten.
1 Paprikaschote, 4 Paradeiser, 3 große Zwiebeln	und
2 Knoblauchzehen	kleinwürfeln und kurz mitbraten. Mit
etwas Salz, 1/2 Teel. Paprika, 1/2 Teel. Kümmel	würzen und mit
1/4 l Gemüsebrühe	ablöschen. Das Gulasch etwa 45 Minuten gar kochen. Den Topf vom Herd ziehen und
100 g saure Sahne	unterrühren.

Pinkauter Fleisch-Gemüse-Laibchen

2 Möhren, 1/8 Sellerieknolle, 1 Kohlrabi, 1 Zwiebel 1/8 Wirsingkohl	und waschen, schälen und grob würfeln. Das Gemüse in
1 l Wasser	garen, abgießen und passieren.
1 Semmel 1/8 l Milch	in einweichen, gut ausdrücken und zum Gemüse geben.
300 g Gehacktes, 4 gepreßte Knoblauchzehen, 1 Ei 100 g Semmelbrösel	und ebenfalls hinzufügen und gut vermengen. Den Fleisch-Gemüse Teig mit
Salz, Pfeffer 1 Teel. Majoran	und abschmecken. Mit nassen Händen 8 Scheiben formen, die etwa 1 cm dick sind und in
1/8 l Öl	von jeder Seite 3 Minuten scharf anbraten. Auf die kleinste Stufe stellen, die Pfanne mit einem Deckel verschließen und weitere 5 Minuten auf jeder Seite fertig garen. Die Pfanne vom Herd ziehen und die Küchle noch 5 Minuten ziehen lassen.

Brünner Schnitzel (Brněnský řízek)

4 große Schweineschnitzel	waschen, gut trockentupfen, dünn klopfen und mit
4 Prisen Salz	von beiden Seiten einreiben.
150 g gekochten Schinken	würfeln und in
40 g Butter	anbraten.
3 Eier	verrühren und ebenfalls in die Pfanne geben. Zuletzt noch
6 Eßl. Erbsen (tiefgekühlt)	zufügen und etwa 2 Minuten mitdünsten. Die Mischung auf den Fleischscheiben verteilen. Diese zusammenklappen und mit Holzspießen verschließen. Die Schnitzel in
2 Eßl. Mehl	wenden.
2 Eier	mit
2 Eßl. Milch	verquirlen, das Fleisch von beiden Seiten hineinlegen und in
4 Eßl. Semmelbrösel	panieren.
1/8 l Öl	in einer großen Pfanne erhitzen, die Schnitzel von allen Seiten anbraten und anschließend eine 3/4 Stunde bei reduzierter Temperatur fertig garen.

Kalbsschnitzel in Rahmsoße (Telecí řízky na smetaně)

4 Kalbsschnitzel	waschen, gut trockentupfen, mit
4 Prisen Salz	würzen und in
4 Eßl. Mehl	wenden. In
100 g Butterschmalz	von jeder Seite etwa 5 Minuten anbraten, die Pfanne abdecken und die Schnitzel auf kleiner Stufe eine 3/4 Stunde schmoren lassen. Für die Soße aus
30 g Butter,	
30 g Mehl	und
je 1/8 l Weißwein	
und Wasser	eine Einbrenne herstellen.
200 g Schlagsahne	dazugeben und 15 Minuten unter gelegentlichem Rühren köcheln lassen.
1 Bund Petersilie,	
4 Sardellenfilets	und
4 Teel. Karpern	kleinhacken und in die Soße geben. Die Kalbsschnitzel noch 15 Minuten in der Soße ziehen lassen und zusammen servieren.

Böhmischer Sauerbraten (Pečeně s kyselou omáčkou)

für 6 Personen

2 große Zwiebeln, 2 Möhren, 1 Petersilienwurzel 1/4 Sellerie	und putzen und in Scheiben schneiden. Zusammen mit
1 Zweig Liebstöckel, 2 Lorbeerblättern, je 8 Pfeffer- und Neugewürzkörnern, 8 Wacholderbeeren 2 Teel. Thymian	und in eine große Schüssel geben.
1200 g Rinderbraten	waschen, abtrocknen und auf die Gemüsemischung legen. Mit
je 1/4 l Rotwein und Öl	aufgießen, bis das Fleisch vollständig bedeckt ist. Die Schüssel abdecken und an einen kühlen Ort stellen. Das Fleisch muß mindestens einen Tag in der Beize liegen; der Geschmack wird feiner, wenn

Sie es 3-4 Tagen ziehen lassen. Dann sollten Sie den Braten täglich wenden. Das Fleisch aus der Beize nehmen, gründlich abtropfen lassen und mit

1 Teel. Salz

einreiben. Anschließend das Fleisch in

3 Eßl. Öl

scharf anbraten. Die Beize abseihen und das Gemüse kurz mit anrösten. Mit etwa 200 ml der Beize ablöschen und die Kasserolle im auf 190 Grad vorgeheizten Backofen etwa 3 Stunden zugedeckt garen lassen. Das Fleisch sollte mehrmals gewendet und mit der Beize begossen werden. Geben Sie die restliche Beize nach und nach dazu. Den garen Braten warmstellen, die Lorbeerblätter, Wacholderbeeren und Neugewürzkörner aus der Soße entfernen und diese pürieren. Anschließend

250 g Schlagsahne

unterrühren und die Soße nochmals kurz aufkochen. Den in Scheiben geschnittenen Braten getrennt von der Soße servieren.

Karlsbader Roulade

1,5 kg küchenfertige Kalbsbrust	waschen, trockentupfen und in der Mitte tief einschneiden. Die Fleischlappen auseinanderbreiten und mit
4 Prisen Salz	einreiben. Mit
150 g gekochtem Schinken	und
150 g rohem Schinken	belegen.
2 Gewürzgurken	fein würfeln und auf das Fleisch streuen.
4 Eier	mit
2 Prisen Salz	und
2 Eßl. Milch	verquirlen und in
2 Teel. Butter	zu Rührei braten und ebenfalls auf dem Fleisch verteilen. Das Fleisch einrollen und mit Rouladennadeln oder mit festem Garn verschließen. In einem Bräter in
60 g Butter	das Fleisch von allen Seiten anbraten. Anschließend den geschlossenen Bräter in den auf 200 Grad vorgeheizten Backofen geben und das Fleisch ca. 2 1/2 Stunden garen lassen. Wenden Sie das Fleisch gelegentlich und gießen Sie bei Bedarf etwas heißes Wasser an. Den Braten warm stellen und in den Bratensaft
1 Eßl. Butter	einrühren,
1 Eßl. Mehl	dazugeben und mit
1/8 l Fleischbrühe	ablöschen. Lassen Sie die Soße 1/4 Stunde auf kleiner Stufe köcheln. Das Fleisch in Scheiben schneiden und in der Soße servieren.

Karlsbader Roulade

Brünner Lammrippen in Weinsoße

500 g Lammrippen	in vier Stücke zerteilen, das Fett und die Hautteile abschneiden. Das Fleisch klopfen und mit
1 Knoblauchzehe	gut einreiben. Anschließend mit
Salz	würzen. In einem Topf
50 g Fett	erhitzen und darin
1 gehackte Zwiebel	und
200 g Suppengemüse	andünsten. Nach etwa 3 Minuten das Fleisch dazugeben.
125 g gek. Schinken	in Würfel schneiden und die Lammrippen damit bestreuen. Auffüllen mit
1/4 l Weißwein	und etwa 40 Minuten weich dünsten. Das Fleisch aus dem Topf nehmen und auf einer vorgewärmten Platte anrichten. Die Soße seihen und über das Fleisch geben.

Brünner Lammrippen in Weinsoße

Böhmischer Lendenbraten (Svíčková pečeně)

650 g Rinderfilet	waschen, häuten und von Sehnen befreien.
50 g Speck	in Streifen schneiden und damit das Filet spicken. Sparsam mit
Salz und Pfeffer	würzen.
3 Eßl. Öl	in einer Kasserolle stark erhitzen und das Fleisch von allen Seiten anbraten.
Suppengemüse	und
1 Zwiebel	kleinschneiden und mit
1 Lorbeerblatt, Pfefferkörnern, Thymian, 10 gehackten Kapern, ger. Zitronenschale	zu dem Fleisch geben und kurz andünsten. Mit
1 Eßl. Essig,	
2 Eßl. Madeira	und
1/8 l Brühe	ablöschen und im geschlossenen Topf etwa eine 3/4 Stunde weich garen. Den Bratensaft durchsieben und mit
1 Eßl. Mehl	und
1/8 l saurer Sahne	andicken. Die Soße über das Fleisch gießen und anrichten.

Böhmischer Lendenbraten

Böhmischer Rostbraten (Roštěná)

4 Scheiben Rostbraten	unter fließendem Wasser waschen und anschließend gut trockentupfen. Den Fettrand mehrmals einschneiden und mit
Salz, Pfeffer, gemahlenem Kümmel	und
4 gepreßten Knoblauchzehen	würzen. Das Fleisch in
4 Eßl. Mehl	wenden und in einer Gußeisenpfanne in
80 g Butterschmalz	scharf anbraten (auf jeder Seite etwa 5 Minuten).
1/8 l Fleischbrühe	angießen und auf kleiner Stufe 1 Stunde zugedeckt schmoren lassen. Das Fleisch warmstellen,
200 g saure Sahne	in den Bratenfond einrühren und kurz aufkochen. Die Fleischscheiben in der Soße servieren.

Böhmischer Rostbraten

Gänsebraten (Pečená husa)

für 8 Personen

1 küchenfertige Gans (ca. 4 kg)	gründlich unter fließendem Wasser abspülen, gut trockentupfen und mit
Pfeffer und Salz	einreiben.
1 kg säuerliche Äpfel	schälen, entkernen und zusammen mit
1 Zweig Thymian oder Beifuß	in die Bauchhöhlung der Gans geben. Die Brust- und Halsöffnung mit Rouladennadeln oder Holzspießchen verschließen, den Vogel in einen Bräter legen, etwa
1/4 l heißes Wasser	angießen und in dem auf 210 Grad vorgeheizten Backofen zugedeckt 4 Stunden braten. Zwischendurch wenden und gelegentlich mit dem Bratensaft begießen. In der letzten halben Stunde den Deckel entfernen und die Gans bräunen, zusammen mit dem Bratenfond servieren, nachdem Sie die Rouladennadeln entfernt haben.

Gänsebraten

Geschmorte Flugente in Pilzsoße

1 Flugente (ca. 2,5 kg)	in 4 Portionen zerteilen, unter fließendem Wasser waschen und gründlich trockentupfen. Die Ententeile mit
1 Teel. Salz	und
2 Teel. Thymian	einreiben und in einer Kasserolle in
80 g Butterschmalz	von allen Seiten knusprig anbraten. Mit
250 ml Fleischbrühe	ablöschen und
2 Lorbeerblätter,	
4 Wacholderbeeren	und
je 6 Neugewürz- und Pfefferkörner	zufügen. Zugedeckt auf mittlerer Stufe etwa 2 Stunden schmoren lassen. Für die Soße
200 g frische Pilze	putzen, in Scheiben schneiden und in
1 Eßl. Butter	anbraten. Die Ententeile warm stellen,
2 Eßl. Mehl	in
150 ml Sahne	verquirlen, in den Bratenfond einrühren und kurz aufkochen lassen. Auf kleiner Stufe 10 Minuten köcheln lassen und dann vom Herd nehmen.
2 Eigelb	mit
50 ml Sahne	verrühren und in die Soße einrühren. Die Pilze zufügen und mit
1 Eßl. Zitonensaft	abschmecken. Die Ententeile getrennt von der Soße servieren.

Geschmorte Flugente in Pilzsoße

Rehrücken auf böhmische Art

Zutaten für 8 Personen

1 Rehrücken	häuten und mit einem Spieß durchstechen.
150 Gramm Selchspeck	in dünne Streifen schneiden und den Rehrücken damit spicken. Anschließend mit
Salz, Pfeffer Wacholderbeeren	und zerdrückten einreiben.
120 g Schweinefett	in einem Bräter erhitzen, den Rehrücken mit der gespickten Seite nach unten hineingeben.
1 Zwiebel Zitronenstreifen	in Ringe schneiden und zusammen mit über das Fleisch legen, mit dem heißen Fett übergießen und mit
etwas Essig	beträufeln. Den Backofen auf 200 Grad vorheizen und den Rehrücken je nach Größe eineinhalb bis zweieinhalb Stunden weich garen. Dabei mehrmals mit
1/8 l Sauerrahm	begießen, der zuvor mit Wasser verrührt wurde. Nach der halben Bratzeit umdrehen und die andere Seite resch und braun braten. Sobald das Fleisch gar ist, herausnehmen, mit dem Tranchiermesser zerteilen und warm stellen. Den Bratensatz etwas eingehen lassen, mit
20 g Mehl	bestäuben und einkochen, danach passieren. Die Soße extra reichen.

Rehrücken auf böhmische Art

Wildente mit Zwiebeln

1 küchenfertige Wildente (ca. 2 kg)	gründlich unter fließendem Wasser waschen, trockentupfen und mit
Salz und Pfeffer	innen und außen einreiben.
3 - 4 Zwiebeln	schälen, vierteln und zusammen mit
1 Lorbeerblatt	und
4 Wacholderbeeren	in die Bauchhöhle geben. Diese zunähen und auch die Flügel und Schenkel fest mit Garn an den Körper binden.
300 g Speck	in dünne Scheiben schneiden und die Ente damit belegen. In einer Kasserolle
60 g Butterschmalz	erhitzen und die Ente hineinlegen. Die geschlossene Kasserolle in den auf 200 Grad vorgeheizten Backofen geben und das Geflügel 1 1/2 Stunden garen lassen. Während der Garzeit gelegentlich mit Bratflüssigkeit begießen. Anschließend den Speck herausnehmen und die Ente noch 20 Minuten offen bräunen lassen. Für die Soße in den eingekochten Bratenfond
2 Eßl. Mehl	einrühren und mit
1/4 l Weißwein	und
1/4 l Fleischbrühe	ablöschen. Die Soße 10 Minuten auf kleiner Stufe köcheln lassen, die Wacholderbeeren und das Lorbeerblatt herausnehmen und zu der portionierten Ente servieren.

Kaninchen (králík) in Sahnesoße

1 küchenfertiges Kaninchen	von den feinen Häutchen befreien, waschen, in 4 Teile schneiden und mit
1 Teel. Salz	einreiben. Die Teile in einer Kasserolle in
50 g Butterschmalz	von allen Seiten scharf anbraten. Die Temperatur auf kleinste Stufe reduzieren,
2 große Zwiebeln	schälen, vierteln und mit zu dem Fleisch geben.
2 Möhren, 1/8 Sellerieknolle	und
1/2 Petersilienwurzel	waschen, schälen und in dünne Scheiben geschnitten etwa 10 Minuten mitdünsten lassen.
1 Teel. Paprika (edelsüß)	unterrühren und das Ganze mit
1/4 l Fleischbrühe	ablöschen. Die Kasserolle verschließen und das Kaninchen etwa 2 1/2 Stunden schmoren lassen. Anschließend das Fleisch warm stellen und der Soße
200 g Schlagsahne	zufügen, kurz aufkochen und pürieren. Die Kaninchenteile in der Sahnesoße anrichten und servieren.

Karpfen (kapr) mit Sardellenfilets

1 Karpfen (etwa 2 kg)	ausnehmen, schuppen, gründlich waschen und trockentupfen. Mit
50 ml Zitronensaft	beträufelt 1/2 Stunde ziehen lassen.
1 Zwiebel,	
1 Möhre	und
1/8 Sellerieknolle	schälen und in kleine Würfel schneiden und in einer Kasserolle in
60 g Butter	andünsten und mit
1/8 l Weißwein	ablöschen.
4 Kartoffeln	in der Schale kochen, pellen und damit den Bauch des Karpfens füllen. Diesen aufrecht auf das Gemüse stellen, mit
8 Sardellenfilets	belegen und mit
2 Eßl. Semmelbrösel	bestreuen.
50 g Butterflocken	auf dem Karpfen verteilen und zugedeckt im auf 180 Grad vorgeheizten Backofen garen, dabei gelegentlich mit dem Bratenfond begießen. Servieren Sie den Karpfen zusammen mit dem Gemüse und den Kartoffeln.

Karpfen mit Sardellenfilets

Karpfen in Paprikasoße

1 Karpfen (ca. 2kg)	schuppen, ausnehmen, waschen, filetieren und entgräten, die Kiemen und Flossen abschneiden und wegwerfen. Die Fischreste zusammen mit
2-3 Zwiebeln, 1 Möhre, 1/2 Stange Porree, 4 Neugewürzkörnern	und
2 Lorbeerblättern	in
1/4 l Weißwein	aufsetzen und etwa 1 1/2 Stunden auf kleiner Stufe kochen lassen. Den Sud abseihen. Die Fischfilets mit dem
Saft einer Zitrone	beträufeln und 1/2 Stunde ziehen lassen.
1 Zwiebel	schälen, in kleine Würfel schneiden und in
60 g Butter	glasig dünsten.
1/2 Teel. Paprika (edelsüß)	einstreuen, kurz aufschäumen lassen und mit dem Fischsud ablöschen. Die Fischfilets mit
1 Teel. Salz	einreiben und in der Soße 15 Minuten dünsten lassen.

2 Eßl. Mehl	mit
200 g Sahne	verquirlen, den Fisch warm stellen und die Sahne in den Sud einrühren, kurz aufkochen und unter gelegentlichem Rühren 10 Minuten köcheln lassen. Die Fischfilets auf einer vorgewärmten Platte anrichten und mit der Soße übergossen servieren.

Gebratener Hecht (Pečená štika)

1 kg Hecht	küchenfertig säubern und häuten. Mit
Salz	einreiben, innen und außen mit dem
Saft 1/2 Zitrone	beträufeln und in
150 g Butter	anbraten. Im Backofen bei 190 Grad garen und dabei mehrmals mit Butter übergießen. Den angerichteten Hecht mit
Zitronenscheiben	und
gehackter Petersilie	garnieren.

Schleie (lín) auf böhmische Art

1 Schleie (ca. 1 kg)	küchenfertig zubereiten. Beim Schlachten das Fischblut auffangen, zum leichteren Schuppen zuvor eine Minute in kochendes Wasser legen. Den Fisch in Portionen schneiden und eine Stunde mit
Salz	bestreut liegenlassen. Danach
100 g Butter	im Topf erhitzen und die Fleischscheiben andünsten.
2 Zwiebeln	halbieren und mit
Nelken	spicken. Zusammen mit der abgeriebenen Schale von
1/2 Zitrone	sowie
200 g gew. Sellerie	zu dem Fisch geben. 15 Minuten im geschlossenen Topf dünsten. Danach die Schleiestücke wenden und mit
2 Eßl. Mehl	bestäuben.
1/4 l Erbsenbrühe	und
2 Eßl. Essig	mit dem aufgefangenem Blut über den Fisch gießen und weitere 5 Minuten köcheln lassen. Die Soße vor dem Anrichten durchseihen.

Liwanzen (Lívance)

25 g Hefe	mit
70 g Zucker	und
1 Prise Salz	gut verrühren, bis die Hefe sich verflüssigt hat.
300 g Mehl	in eine Schüssel sieben. Die flüssige Hefe,
3 Eier	und
1/2 l Milch	dazugeben und alles zu einem flüssigen Hefeteig verarbeiten. Eine Gußeisenpfanne 10 Minuten erhitzen und mit
Speck	einreiben. Mit dem Schöpflöffel den Teig in die Pfanne geben, so daß kleine Kuchen von etwa 10 cm Durchmesser entstehen. Von beiden Seiten 1-2 Minuten goldgelb braten und warm stellen, bis alle Liwanzen fertig sind. Die Pfanne jedesmal gut mit dem Speck einreiben. Wenn alle Liwanzen gebacken sind,
100 g Butter	auslassen, die Liwanzen damit bestreichen, aufeinanderlegen, 10 Minuten durchziehen lassen und dabei warmstellen. Auf vorgewärmten Tellern servieren und mit einer Mischung aus
60 g Puderzucker	und
1 gestr. Teel. Zimt	bestreuen.

Powidltascherl (Povidlové taštičky)

Zutaten für 6 Portionen

300 g Mehl	auf ein Backbrett sieben und mit
1 Ei,	
etwas Salz	und
4 Eßl. Milch	rasch zu einem festen Teig verarbeiten. Diesen auf bemehltem Brett einen halben Zentimeter dick ausrollen und handtellergroße Flecken ausstechen.
100 g Powidl	mit
1 Eßl. Rum,	
etwas Zimt	
und Zucker	abschmecken und gleichmäßig auf die Flekken verteilen.
1 Ei	mit etwas Wasser verquirlen und den Teigrand damit bestreichen. Die Teigränder übereinanderschlagen und gut verschließen. Die Tascherl werden für ca. 6 Minuten in siedendes Salzwasser gegeben, bis sie obenauf schwimmen. Mit dem Schaumlöffel herausholen und kurz unter kaltem Wasser abschrecken, trocknen und in
150 g ger. Semmelbrösel	wälzen. Vor dem Anrichten mit
2-3 Eßl. Puderzucker	bestreuen.

Powidltascherl

Dukatenbuchteln (Dukátové buchtičky)

25 g Hefe	mit
50 g Zucker	und
1 Prise Salz	gut verrühren, bis die Hefe sich verflüssigt hat.
100 g Butter	kurz erhitzen und mit
1/4 l Milch	auffüllen.
500 g Mehl	in eine Schüssel sieben. Die Milch, die flüssige Hefe und
3 Eigelb	dazugeben und alles zu einem Hefeteig verkneten. Nach einer halben Stunde Gehzeit den Teig auf einem bemehlten Backbrett fingerdick ausrollen und mit einem Glas kleine Scheiben ausstechen. Diese in eine gut gefettete Pfanne geben und wieder eine halbe Stunde gehen lassen. Mit
2 Eßl. Öl	bestreichen und 30 Minuten im auf 200 Grad vorgeheizten Backofen goldbraun backen. Heiß stürzen und mit
2 Eßl. Puderzucker	bestreuen. Kalt mit flüssiger Schokoladensoße servieren.

Dukatenbuchteln

Palatschinken (Palačinky)

200g Mehl	mit
1/2 l Milch,	
2 Eier	und
1 Prise Salz	zu einem glatten Teig verrühren. 20 Minuten quellen lassen und anschließend in heißem
Öl	4-5 Palatschinken backen. Mit
4 Eßl. Marmelade	bestreichen und zusammenrollen. Die Palatschinken schmecken auch pikant oder mit Obst, Eis und Sahne gefüllt ganz hervorragend.

Sonntagsguglhupf (Bábovka)

25 g Hefe	mit
40 g Zucker	und
1 Prise Salz	verrühren, bis die Hefe sich verflüssigt hat.
500 g Mehl	mit
4 Eigelb,	
100 g Butter,	
1/4 l Milch	und der verflüssigten Hefe zu einem weichen Hefeteig verarbeiten.
140 g Rosinen	und
50 g Mandelstifte	unterkneten. Eine Guglhupfform gut einfetten und mit
1 Eßl. Semmelbrösel	bestreuen. Den Teig einfüllen und 30 Minuten gehen lassen. Den Backofen auf 190 Grad vorheizen und den Guglhupf 50 bis 60 Minuten abbacken. Noch heiß mit
1 P. Vanillezucker	und
1 Eßl. Puderzucker	bestreuen.

Dalken (Vdolky)

25 g Hefe	mit
2 Teel. Zucker	und
1 Prise Salz	gut verrühren, bis die Hefe sich verflüssigt hat.
400 g Mehl	in eine Schüssel sieben. Die flüssige Hefe,
2 Eier,	
1/4 l Milch	und
1 P. Vanillezucker	dazugeben und alles zu einem Hefeteig verarbeiten. Nach 30 Minuten Gehzeit den Teig in acht Stücke teilen, diese jeweils auf bemehlter Arbeitsfläche zu einem kleinen Laib formen und nochmals 15 Minuten gehen lassen. Anschließend formen Sie daraus runde Fladen, diese in einer großen Pfanne in
300 ml Öl	auf jeder Seite etwa 4 Minuten ausbacken. Kurz abtropfen lassen und mit
400 g Powidl	und
400 g Sahnetopfen	bestreichen. Sofort servieren.

Dalken

Prager Nußtorte

4 Eigelb	mit
60 g Zucker	schaumig rühren. In einer anderen Schüssel
4 Eiweiß	mit
1 Prise Salz	steifschlagen und nach und nach
50 g Puderzucker	zufügen, bis ein schnittfester Eischnee entsteht, den Sie vorsichtig unter die Eigelbmasse heben. Löffelweise
100 g geriebenen Löffelbiskuit, 100 g gemahlene Walnüsse	und
1 Teel. Backpulver	unterheben. Den Teig in eine gefettete und mit
Semmelbrösel	ausgestreute Springform geben und sofort in den auf 170 Grad vorgeheizten Backofen geben. 35 Minuten abbacken, kurz abkühlen, vorsichtig den Springrand lösen und den Boden auf ein Gitter stürzen. Nach dem vollständigen Auskühlen wird der Kuchen mit Hilfe eines Zwirnfadens in der Mitte geteilt.
150 g Butter	schaumig schlagen, nach und nach
100 g Puderzucker, 2 Eigelb, 1 P. Vanillezucker	und
1 Eßl. Rum	unterrühren. Die Crème auf den unteren Tortenboden streichen, die andere Hälfte auflegen und leicht andrücken.
150 g Puderzucker, 2 Eßl. heißes Wasser	und
2 Eßl. Rum	zu einer klümpchenfreien Glasur verrühren und damit die Oberfläche und den Rand der Torte bestreichen. Zum Verzieren
200 g Schlagsahne	mit
2 Eßl. Puderzucker	und
1 Eßl. Kakaopulver	steif schlagen, in einen Spritzbeutel geben und 12 Rosetten auf die getrocknete Glasur spritzen. Nachdem Sie auf die Rosetten noch
12 Walnußhälften	gegeben haben, stellen Sie die Torte für 2 Stunden kühl.

Prager Nußtorte

Böhmischer Weihnachtsstriezel (Vánočka)

100 g Rosinen	in
5 Eßl. Rum	einlegen und zunächst beiseite stellen.
30 g Hefe	mit
100 g Zucker	und
1 Prise Salz	verrühren, bis die Hefe sich verflüssigt hat.
200 g Butter	in einem Topf erhitzen, bis die Butter flüssig ist und mit
200 ml Milch	aufgießen. Alles zusammen mit
500 g Mehl,	
3 Eiern	und
1 P. Vanillezucker	zu einem lockeren Hefeteig verkneten. Die eingeweichten Rosinen,
120 g gehackte Mandeln	und
120 g ganze Mandeln (geschält)	kräftig unterkneten. Je länger der Teig geknetet wird, desto lockerer wird der Striezel später. Er sollte mindestens 15 Minuten bearbeitet werden und anschließend an einem warmen Ort 1 Stunde gehen. Den Teig in drei Stücke teilen, diese zu etwa 40 cm langen Würsten rollen und einen Zopf flechten. Mit
1 Eigelb	bestreichen und auf ein gefettetes Backblech legen. Nochmals 30 Minuten gehen lassen und im auf 180 Grad vorgeheizten Backofen 50 Minuten abbacken.

Kaiserschmarrn auf böhmische Art

250 g Mehl	mit
1/2 l Milch,	
3 Eigelb	und
1 Prise Salz	zu einem dünnflüssigen Teig verrühren. Eventuell
2 Eßl. Zucker	hinzufügen.
3 Eiweiß	zu steifem Schnee schlagen und unter den Teig heben.
500 g Sauerkirschen	gut abtropfen lassen und mit
20 g Rosinen	ebenfalls unterheben. In einer großen Pfanne
50 g Butter	erhitzen und den Teig hineingeben. Nach etwa 5 Minuten den Kaiserschmarrn wenden und mit zwei Gabeln in grobe Stücke teilen. Nach weiteren 4 Minuten Backzeit in eine Schüssel geben und mit
2 Eßl. Puderzucker	bestreuen. Heiß servieren.

Punsch

500 g Zucker	in
100 ml Wasser	unter ständigem Rühren einkochen, bis der Zucker Fäden zieht.
3 Zitronen	und
1 Orange	auspressen und dem Zucker zufügen. Den Topf vom Herd nehmen und
400 ml Rum	einrühren. Heiß in Punschgläsern servieren. Reste können in gut verschlossenen Flaschen aufbewahrt und erneut erwärmt werden. Dabei muß darauf geachtet werden, das der Punsch nicht mehr zum Kochen gebracht wird.

Einbrenne – Mehlschwitze
Erdäpfel – Kartoffeln

Graupen – enthülste und gerundete Weizenkörner
Guglhupf – Napfkuchen

Kuttelflecke – Kaldaunen

Neugewürz – Piment

Palatschinken – dünne Pfannkuchen
Paradeiser – Tomaten
Powidl – Pflaumenmus

Reindl – Kasserolle
Ribisel – Johannisbeeren

Schwammerl – Pilze
Semmel – Brötchen

Topfen – Quark

Zwetschken – Pflaumen

Die Rezepte sind, wenn nicht anders angegeben, für vier Personen berechnet.

hlad nejlepší kuchař
Jezdoma co máš a